CE LIVRE APPARTIENT À
OFFERT PAR

RETROUVEZ **Paddington** DANS

Un ours nommé Paddington

Paddington en ville

Paddington artiste

Paddington a des soucis

Les exploits de Paddington

Le premier Noël de Paddington

Paddington se déguise

Paddington aime les surprises

Paddington fait des trouvailles

Paddington se débrouille tout seul

Les découvertes de Paddington

MA PREMIÈRE BIBLIOTHÈQUE ROSE

Michael Bond

Les découvertes de Paddington

Traduction de Sophie Dalle
Illustrations d'Anne Jolly

HACHETTE

Les histoires originales de cet ouvrage ont paru en langue anglaise
chez William Collins Sons and Co. Ltd., Londres, sous le titre :
PADDINGTON HELPS OUT

Hachette Livre, 43, quai de Grenelle, 75015 Paris.

1

Pagaille à la laverie

La porte du trente-deux Windsor Gardens s'ouvrit lentement. Une paire de moustaches et deux oreilles marron apparurent dans l'entrebâillement. Elles se tournèrent à droite, puis à

gauche, et disparurent brusquement.

Quelques secondes plus tard, le silence du matin fut brisé par un bruit étrange. C'était Paddington qui descendait l'escalier jusqu'au trottoir avec la brouette de M. Brown. Il inspecta la rue, puis rentra précipitamment dans la maison.

Il effectua ainsi plusieurs allers-retours, les pattes chargées de vêtements, de draps, de taies d'oreillers, de serviettes de bain et de torchons, plus quelques pulls de M. Curry.

Il était content d'être seul à ce moment précis, car ni les Brown ni M. Curry n'auraient apprécié de le voir emporter leur linge sale à la laverie dans une brouette. Mais c'était un cas d'urgence.

Depuis qu'il s'était levé, il n'avait pas arrêté. Il avait commencé par épousseter avec ce qui restait du plumeau, avant de nettoyer la cuisine.

Ensuite, en essuyant la cheminée dans la salle à manger, il était tombé sur quelques pièces de monnaie et un mot de Mme Bird. Elle en laissait partout pour rappeler aux uns et aux autres ce qu'ils avaient à faire. Celui-ci était intitulé : COLLECTE DU LINGE SALE. Il fallait s'occuper à la fois de celui des Brown et de celui

de M. Curry. Paddington s'était dépêché, mais le camion de la laverie lui avait filé sous le nez. Il avait donc décidé de porter le linge lui-même.

Son ami M. Gruber lui avait souvent parlé de la

laverie. Lui-même y allait tous les mercredis soir.

« C'est très pratique, avait-il expliqué au petit ours. On met les vêtements dans une grosse machine, puis on s'assied pendant qu'elle travaille toute seule. De plus, on y rencontre des gens très intéressants. Si vous n'avez pas envie de bavarder, vous pouvez toujours regarder le linge tourner dans la machine. »

Paddington avait souvent eu envie de tenter cette aventure. Le problème était de savoir comment transporter toutes les affaires, car son panier à roulettes était trop petit et la laverie était tout en haut d'une colline.

Il avait donc décidé de se servir de la brouette de M. Brown. Mais quand il l'eut chargée, il la contempla d'un air inquiet. Il atteignait

à peine les poignées avec ses pattes, et lorsqu'il voulut la soulever, elle était beaucoup plus lourde que prévu. Pour ne rien arranger, derrière la montagne de linge, il ne voyait rien.

Par sécurité, il noua un mouchoir au bout d'un vieux manche à balai qu'il fixa à l'avant de la brouette, de façon à ce qu'on le voie venir.

Pendant qu'il gravissait péniblement la pente, de nombreuses personnes se retournèrent sur son passage. À plusieurs reprises,

l'une des roues se prit dans le caniveau, et il dut se faire aider par un passant. Lorsqu'il atteignit le carrefour, un agent de police fit arrêter toutes les voitures pour qu'il puisse traverser.

Paddington les remercia et souleva son chapeau pour saluer les conducteurs.

Il faisait terriblement chaud, et le petit ours fut bien content d'arriver enfin à la laverie.

Il s'assit sur le bord du trottoir pour reprendre son souffle. En se relevant, il eut la surprise de découvrir une

vieille roue de vélo posée sur sa pile de linge.

« Quelqu'un a dû vous prendre pour un chiffonnier, dit la directrice de la laverie.

— Pas du tout ! protesta Paddington. Je viens laver du linge.

— Vous faites ça pour tous les habitants de la rue ? demanda-t-elle en voyant la montagne de vêtements sales.

— Mais non, c'est seulement pour Mme Bird. »

La dame appela aussitôt un de ses assistants pour qu'il aide à monter sa brouette dans la boutique.

« Il va vous falloir au moins quatre machines, pour tout ça ! s'exclama-t-elle en se retirant derrière son comptoir. Heureusement que ce n'est pas une matinée chargée. Prenez les numéros onze, douze, treize et quatorze... Vous savez comment ça fonctionne ?

— Je pense que oui, répondit Paddington en essayant de se rappeler exactement ce que lui avait dit M. Gruber.

— Si vous avez le moindre problème, lisez les instructions affichées au mur. »

La dame tendit à Paddington huit tubes en plastique remplis de poudre.

« Voici la lessive. Deux tubes par machine. Vous les versez dans le trou dès que la lumière rouge s'allume. Vous me devez quatre livres, s'il vous plaît. »

Paddington lui donna l'argent et la remercia avant de se diriger vers le fond de la salle avec sa brouette.

En se faufilant entre les pieds des clients assis sur les

banquettes, il regarda autour de lui. M. Gruber avait raison. Ce lieu était merveilleux. Les machines à laver, blanches et brillantes, étaient équipées de hublots, à travers lesquels on pouvait regarder le linge tourner.

Paddington monta sur une chaise pour lire les instructions. Il renversa sa brouette et entreprit de trier son linge en quatre tas. Il jeta celui de M. Curry dans une machine, et celui des Brown dans les trois autres.

Bien qu'il ait lu attentivement les explications, Paddington se posait quelques questions. Par exemple, il hésitait entre « eau chaude » et « eau tiède ». Pour finir, il se dit qu'il préférait en avoir pour son argent : il tourna tous les boutons sur « chaud ».

Ensuite, il fallut mettre la lessive. C'était très compliqué, car à peine une lumière rouge s'était-elle éteinte sur une machine, qu'une autre s'allumait sur la machine suivante. Paddington passa les dix premières minutes à courir entre les quatre.

Quand, enfin, il put s'asseoir, il passa un moment à contempler le linge qui tournait derrière les hublots. C'était une sensation très reposante. Paddington était si fatigué après tous ces efforts qu'il ne tarda pas à s'endormir. Soudain, il fut

réveillé en sursaut par quelqu'un qui secouait son bras.

C'était la directrice de la laverie. Elle fixait les machines du petit ours.

« Qu'avez-vous mis dans la numéro quatorze ? demanda-t-elle.

— Je... Des pulls », dit Paddington en consultant sa liste.

La dame leva les bras, horrifiée, et appela une de ses assistantes :

« Else ! Ce jeune ours a mis par erreur des pulls

dans la numéro quatorze !

— Je les ai mis exprès ! se défendit Paddington. D'ailleurs, ajouta-t-il, assez inquiet, ce ne sont pas mes pulls. Ce sont ceux de M. Curry.

— J'espère pour lui qu'il est grand et mince.

— Oh, là, là ! gémit Paddington. M. Curry est petit et gros.

— C'est bien dommage, murmura la dame. Car ses pulls sont devenus longs et fins. Vous aviez mis la machine sur "chaud". Il ne faut surtout pas laver la

laine avec de l'eau chaude. C'est affiché. »

Sur ce, elle sortit une masse dégoulinante de lainages de la machine et les plaça dans la brouette.

« Les pulls de M. Curry ! » s'écria Paddington en

retombant sur son siège.

Dès le début de la matinée, ces pulls lui avaient posé un problème. Il les avait trouvés en tas près de l'évier, mais il n'y avait aucun message qui précisait s'il fallait les laver. Paddington avait eu le désagréable sentiment que c'était « non ». À présent, il en avait la certitude.

Un malheur n'arrivant jamais seul, Paddington ne tarda pas à en connaître un second.

L'un des appareils contenant les vêtements des

Brown se mit à faire un drôle de bruit. Le ronronnement fut suivi de quelques déclics, puis le tambour se mit à tourner de plus en plus vite, jusqu'à disparaître complètement.

Il se leva d'un bond et colla son museau sur le hublot, là où, quelques instants plus tôt, il pouvait voir le linge. Puis il tourna furieusement le bouton sur le côté de la machine.

Il ouvrit le hublot et un jet d'eau chaude et savonneuse le renversa en arrière, emportant son chapeau.

Paddington resta sur le dos dans une mare de bulles, tandis qu'autour de lui, tout le monde se mettait à crier. Il ferma les yeux et plaqua les pattes sur ses oreilles, prêt au pire.

« J'ai l'impression qu'ils ont eu des problèmes à la laverie, déclara Mme Bird. En passant devant en autobus, j'ai aperçu une foule de gens. Il y avait de l'eau et des bulles de savon partout.

— À la laverie ? demanda Mme Brown.

— Oui, confirma Mme Bird. Quant à M. Curry, il a été cambriolé. Quelqu'un est entré en plein jour dans sa cuisine et a pris les pulls qu'il avait mis de côté pour qu'on les raccommode. »

Mme Bird venait tout

juste de rentrer de vacances.

« Si j'avais su que vous et M. Brown tomberiez malades ! soupira-t-elle.

— En fait, tout s'est bien passé, dit Mme Brown. Paddington s'est occupé de nous.

— Hum..., marmonna Mme Bird. Si on peut dire... »

Elle était déjà montée à l'étage et avait découvert les restes de son plumeau derrière le porte-parapluies.

« Avez-vous vu Paddington ? Il est sorti en assurant qu'il n'en avait pas pour longtemps.

— Non. Justement, ajouta Mme Bird, j'ai remarqué des traces de roues dans toute la maison.

— Nous n'avons rien vu, nous sommes couchés depuis deux jours ! répondit Mme Brown.

— C'est bien ce que je disais... », grommela Mme Bird.

Pendant que les Brown tentaient de résoudre le mystère des traces de roues, Paddington avait de plus en plus de soucis à la laverie. On l'avait assis sur le comptoir, enveloppé dans une couverture, pendant qu'on nettoyait le sol.

« J'ai seulement ouvert la porte pour voir où le linge était parti, expliqua-t-il.

— Il n'était parti nulle part, répliqua la directrice.

Vous avez eu l'impression qu'il avait disparu parce que le tambour tournait très vite. C'est toujours comme ça... C'est une sorte de... de phénomène.

— De phé-no-mè-ne ? répéta Paddington. Mais on ne parle pas de phénomènes, dans les instructions. »

La dame soupira. Elle n'avait pas l'habitude de discuter avec les ours.

« Voyez un peu tout ce savon partout ! gronda-t-elle. Je n'ai encore jamais vu ça !

— Aïe ! Aïe ! Aïe ! » geignit le petit ours.

Il regarda tristement le tas de linge presque propre à ses côtés. Que dirait Mme Bird en apprenant sa mésaventure ? Quant à M. Curry...

« Écoutez, intervint la dame en voyant son air abattu. Comme c'est votre première visite et qu'il y a peu de monde, on va tout recommencer. Je ne veux pas de client mécontent dans ma laverie. Ensuite, nous mettrons tout ça dans le sèche-linge, et si j'ai le temps, je vous le repasserai dans l'arrière-boutique. Après tout, ce n'est pas tous les jours que nous avons à nous occuper de la lessive d'un petit ours ! »

Mme Bird jeta un coup

d'œil sur la pile de linge impeccable, puis se tourna vers M. et Mme Brown.

« Ma foi ! approuva-t-elle. Je ne m'attendais pas à ça. Je n'aurais pas mieux fait moi-même.

— J'espère que vous êtes

contente, madame Bird, murmura Paddington, intimidé. J'ai eu un petit phénomène à la laverie.

— Un phénomène ? répéta Mme Brown. C'est impossible !

— Oh, si ! insista Paddington. Et toute l'eau est sortie de la machine.

— Tu te trompes, mon chéri. Un phénomène, c'est quelque chose de bizarre.

— À propos de bizarre, dit Mme Bird... M. Curry a frappé à la porte il y a quelques minutes. Il t'a apporté un caramel. Il dit

qu'il est enchanté. Il ne sait pas ce que tu as fait à ses pulls, mais ils lui vont à merveille. Ils ont toujours été trop grands pour lui jusqu'ici.

— Peut-être qu'il y a vraiment eu un phénomène

dans ta machine à laver », déclara M. Brown.

En remontant dans sa chambre, Paddington était très content de lui. Heureusement que tout s'était bien terminé. Juste avant de fermer la porte de la salle à manger, il avait entendu Mme Bird s'adresser aux Brown :

« Nous avons beaucoup de chance ! Il a tenu la maison pendant deux jours et a même trouvé le temps de s'occuper du linge. Cet ours est exceptionnel ! »

À ce sujet, Paddington

dut consulter M. Gruber. Il lui expliqua que Mme Bird le trouvait vraiment formidable. Et ses compliments étaient plutôt rares !

2

Paddington dîne en ville

« Je propose de fêter l'événement au restaurant, annonça M. Brown.

— Crois-tu que ce soit raisonnable, Henry ? demanda Mme Brown. Tu sais bien qu'avec Paddington, il arrive

toujours des catastrophes.

— C'est son anniversaire, » insista M. Brown.

Parce qu'il était un ours, Paddington avait deux anniversaires : un à Noël et un autre au milieu de l'été. Comme il était chez les

Brown depuis un peu plus d'un an, ils avaient décidé de célébrer les deux en même temps.

« Il faut marquer le coup, dit M. Brown. Si nous ne l'avions pas découvert ce jour-là à la gare de Paddington, nous ne l'aurions jamais rencontré. Où il serait aujourd'hui ?

— C'est vrai que, sans lui, rien ne serait pareil, admit Mme Bird.

— Alors, c'est décidé. Je téléphone tout de suite au *Porchester* pour réserver une table.

— Henry ! s'écria Mme Brown. Pas le *Porchester* ! C'est beaucoup trop chic !

— Rien n'est trop beau ou trop chic pour Paddington. Nous inviterons M. Gruber, aussi. Ce sera une véritable fête... À propos, où est Paddington ? Je ne l'ai pas vu depuis un bon moment.

— Je pense qu'il guette le facteur », répondit Mme Bird.

Paddington aimait beaucoup les anniversaires. Il ne recevait pas souvent du courrier, seulement quelques catalogues et, de temps en temps, une carte postale de sa tante Lucy du Pérou. Mais aujourd'hui, la table de la salle à manger était couverte de cartes de vœux, et le petit ours en attendait

d'autres avec impatience. Il y en avait des Brown, de M. Gruber, des voisins, et même une de M. Curry.

Et puis, il y avait les cadeaux. Paddington adorait les paquets, surtout quand ils étaient bien enveloppés avec du joli papier et du ruban. Il avait été très gâté. La nouvelle du dîner au restaurant fut une autre belle surprise.

« Il va falloir que tu prennes un bain, décréta Mme Brown.

— Un bain ? Le jour de mon anniversaire ? s'écria

Paddington, affreusement déçu.

— Le *Porchester* est un restaurant très chic, expliqua Mme Brown. On n'y accueille que les gens comme il faut. »

Malgré ses protestations,

le petit ours fut envoyé dans la salle de bains avec l'ordre de ne pas redescendre avant de s'être lavé.

M. Gruber arriva un peu plus tard, vêtu d'un costume sombre qu'il n'avait pas mis depuis des années.

« Je ne suis jamais allé au *Porchester*, confia-t-il à Paddington. Cela va nous changer de nos chocolats chauds et de nos petits pains de onze heures. »

Sur le trajet, la joie de Paddington augmenta. Il était émerveillé par les

lumières de Londres, la nuit. Il suivit M. Brown dans le restaurant, en saluant de la patte le monsieur qui leur tenait la porte.

Pendant qu'ils confiaient leurs affaires à la dame du vestiaire, Paddington admira

les lustres étincelants et les dizaines de serveurs qui se glissaient entre les tables.

« Voici le maître d'hôtel, annonça M. Brown. Bonsoir, nous avons réservé une table près de l'orchestre.»

Le maître d'hôtel fixa Paddington.

« Le... euh... ce jeune ours est avec vous ? demanda-t-il d'un air hautain.

— C'est plutôt nous qui sommes avec lui ! répliqua M. Brown. C'est sa soirée.

— Ah ! marmonna le maître d'hôtel en grimaçant. Dans ce cas, je crains

que vous ne puissiez pas entrer. Ce gentleman n'est pas en tenue de soirée. C'est obligatoire. »

Paddington n'en croyait pas ses oreilles. Il regarda l'homme droit dans les yeux.

« Les ours n'ont pas de tenue de soirée, protesta Judy en serrant la patte du petit ours pour le réconforter. Ils ont une fourrure de soirée. Paddington a lavé la sienne exprès pour l'occasion. »

Le maître d'hôtel hésita. Paddington continua de le regarder sévèrement.

« Pour une fois, nous allons faire une exception. »

Il tourna les talons et les conduisit à travers la salle. Les tables étaient recouvertes de nappes blanches, les couverts brillaient.

Lorsqu'ils furent enfin installés, le maître d'hôtel leur donna à chacun une carte. Elle était tellement grande que Paddington devait se servir de ses deux pattes pour la tenir. Il lut le menu avec étonnement.

« Alors, Paddington, dit M. Brown. Par quoi veux-tu commencer ? Une soupe ? Un hors-d'œuvre ? »

— Je n'en sais rien, monsieur Brown. Mon programme est plein de fautes d'orthographe. Je ne peux pas le lire.

— Des fautes d'orthographe ! s'indigna le maître d'hôtel en haussant un sourcil. Au *Porchester*, tout est toujours parfait.

— Ce ne sont pas des erreurs, Paddington, chuchota Judy. C'est du français.

— Quelle idée ! » gronda Paddington.

M. Brown consulta précipitamment sa carte.

« Qu'est-ce qui conviendrait pour un jeune ours ? demanda-t-il.

— Au *Porchester*, on peut avoir tout ce que l'on veut, affirma le maître d'hôtel.

— Très bien, intervint Paddington, visiblement soulagé. Je vais prendre un sandwich à la marmelade. »

Dans un endroit aussi élégant que celui-ci, les sandwiches à la marmelade devaient forcément être excellents. Il avait très envie d'y goûter.

« Je vous demande pardon, monsieur ? Vous avez bien dit : un sandwich à la marmelade ?

— Oui, s'il vous plaît. Avec une crème aux œufs.

— Pour le dîner ?

— Oui. J'aime beaucoup la marmelade, et vous avez dit qu'au *Porchester*, on pouvait se faire servir tout ce qu'on désire. »

Le maître d'hôtel avait du mal à garder son calme. Il appela un serveur qui se tenait non loin de là.

« Un sandwich à la marmelade pour ce gentleman ours. Avec une crème aux œufs », répéta le serveur avant de disparaître en cuisine.

Les Brown se regardèrent, mal à l'aise, puis commandèrent à leur tour.

En cuisine, on s'affolait. Ils entendirent des cris et aperçurent au loin un monsieur coiffé d'une toque qui les observait.

Un deuxième serveur s'approcha avec une table roulante chargée de plats colorés.

« Peut-être prendrez-vous un hors-d'œuvre pour patienter ? proposa-t-il.

— C'est une entrée avec des salades », expliqua M. Brown à Paddington.

Le petit ours se lécha les moustaches.

« Cela me paraît une bonne affaire, dit-il, impressionné par le nombre de plats proposés. Je pense que oui.

— Paddington ! protesta Mme Brown, tandis qu'il commençait à se servir. Tu ne dois pas manger directement sur la table roulante. »

Paddington eut du mal à cacher sa déception. Cependant, il changea d'avis en voyant l'assiette que lui préparait le serveur, avec des légumes, des cornichons, de la salade et de jolis petits

oignons blancs. Au fond, cela devrait lui suffire.

« Veux-tu quelque chose à boire, Paddington ?

— Non, merci, monsieur Brown. J'ai un bol d'eau.

— Ce n'est pas pour boire, murmura gentiment M. Gruber. C'est pour vous nettoyer les pattes. C'est un rince-pattes.

— Un rince-pattes? Mais j'ai pris un bain cet après-midi !

— Peu importe, intervint M. Brown. Je vais te commander un jus de fruits. »

Paddington était de plus en plus surpris. Tout ça était

très compliqué, et les serveurs semblaient très agités, à courir dans tous les sens. Il décida de se concentrer sur sa nourriture.

« C'était délicieux, annonça M. Gruber quelques minutes plus tard, en terminant son potage. Maintenant, j'attends mon omelette. Et vous, monsieur Brown ? Que pensez-vous de vos hors-d'œuvre ?

— Excellent, monsieur Gruber. Mais je crois que j'ai perdu un oignon.

— Pardon ? » demanda M. Brown.

Il avait du mal à entendre ce que disait le petit ours, à cause du bruit de l'orchestre. La musique était douce au début, mais à présent, elle était de plus en

plus forte et sonnait faux. L'un des saxophonistes, au premier rang, semblait avoir un problème. Il secouait furieusement son instrument tout en essayant de souffler dedans.

« Mon oignon ! répéta Paddington. J'en avais six, et quand j'ai enfoncé ma fourchette dans l'un d'entre eux, il a disparu. Je n'en ai plus que cinq. »

Mme Brown parut de plus en plus gênée quand Paddington sauta de son fauteuil pour le chercher sous la table.

« J'espère qu'il va le retrouver très vite, confia-t-elle à son mari. Tout le monde nous regarde !

— Oh ! s'écria tout à coup Jonathan en pointant le doigt vers les musiciens. Le voilà, l'oignon de Paddington ! »

Le joueur de saxophone se disputait avec le chef d'orchestre.

« Comment voulez-vous que je joue correctement avec un oignon dans mon instrument ? » grommela-t-il avec amertume.

Le chef d'orchestre pivota

vers les Brown, qui se détournèrent vivement.

« Je vous en prie, ne dites rien à Paddington, marmonna Mme Brown. Il va vouloir le récupérer. »

Au même instant, la porte

des cuisines s'ouvrit. Un serveur s'approcha avec un plat en argent, qu'il posa délicatement sur un petit réchaud près de leur table. M. Gruber avait commandé une omelette flambée.

« Mmmm, murmura-t-il avec gourmandise. Je sens que je vais me régaler.

— C'est magnifique, constata M. Brown. Je regrette de ne pas en avoir pris une... Paddington ! Viens voir l'omelette de M. Gruber. Elle flambe.

— Quoi ? s'écria Paddington, sous la table.

L'omelette de M. Gruber brûle ? »

Stupéfait, il vit le serveur présenter à son ami un plat sur lequel dansaient de petites flammes bleues.

« Ce n'est rien, monsieur Gruber. J'arrive ! »

Avant que les Brown ne puissent l'arrêter, Paddington s'empara de son rince-pattes et le renversa sur le plat. Il y eut une sorte de sifflement, puis l'omelette se dégonfla comme un ballon percé.

Plusieurs personnes applaudirent.

« Quelle bonne idée ! lança quelqu'un. Un numéro de cabaret en plein milieu du restaurant. »

Un vieux monsieur, qui mangeait tout seul à la table voisine, se mit à rire. Il observait Paddington depuis

un bon moment et trouvait le spectacle réjouissant.

« Aïe ! Aïe ! Aïe ! murmura soudain Jonathan. Ça va mal se terminer. »

En effet, mené par le maître d'hôtel, un homme aux airs importants fonçait vers eux.

« C'est lui ! s'écria le maître d'hôtel en désignant Paddington, celui qui a des moustaches ! »

L' homme s'avança.

« Je suis le directeur. Je vais devoir vous demander de partir. On ne jette pas de l'eau sur un serveur. On ne lance pas les oignons dans

le saxophone du musicien. On ne commande pas des sandwiches à la marmelade. Vous allez ruiner la réputation du *Porchester*.

— Si Paddington s'en va, nous partirons tous avec lui, proclama Mme Bird.

— Absolument ! renchérit M. Gruber.

— Et moi aussi ! » ajouta le voisin de table.

Tout le monde se tourna vers lui, tandis qu'il se levait, furieux, en pointant le doigt vers le directeur.

« Puis-je savoir pourquoi vous mettez ce jeune ours dehors ? »

Le directeur se figea, très inquiet, car le vieux monsieur était un de ses meilleurs clients.

« Il perturbe les autres convives.

— Faux ! J'ai dîné ici et je ne suis pas du tout irrité. Au contraire, je ne m'étais pas amusé comme ça depuis des années. Permettez-moi de vous serrer la patte, jeune ours. Il était grand temps qu'on ait un peu d'animation au *Porchester*.

— Merci », répondit Paddington en lui tendant la patte.

Le vieux monsieur poussa le maître d'hôtel, le directeur et les serveurs, puis s'adressa à M. Brown :

« Je ferais mieux de me

présenter. Je suis Sir Huntley Martin, le roi de la marmelade. Je vends de la marmelade depuis cinquante ans et je viens ici depuis trente ans, mais c'est la première fois que j'entends quelqu'un commander un sandwich à la marmelade. Ça me réchauffe le cœur... Puis-je me joindre à vous ? Je n'ai encore jamais assisté à l'anniversaire d'un ours. »

Paddington était impressionné.

« Ça alors ! Depuis cinquante ans dans la marmelade ! »

Cette intervention avait produit son effet sur le personnel du *Porchester*. En quelques minutes, un serveur reparut avec une nouvelle omelette pour M. Gruber.

Même le maître d'hôtel retrouva son sourire. Il offrit à Paddington une carte signée de sa main et lui promit qu'à l'avenir, il mettrait des sandwiches à la marmelade au menu.

Paddington aurait volontiers fini la glace qui fondait dans son assiette. Mais il décida que c'était suffisant,

et il glissa un penny sur la table pour le serveur.

Quand vint le moment de partir, Sir Huntley parut triste.

« J'ai passé une excellente soirée. J'espère que vous me

ferez l'honneur de venir visiter mon usine à marmelade un de ces jours, ajouta-t-il en se tournant vers Paddington.

— Avec grand plaisir ! »

Ils quittèrent le restaurant tandis que l'orchestre jouait *Joyeux Anniversaire*. M. Brown proposa de faire le tour de Piccadilly Circus, afin que Paddington puisse admirer les lumières multicolores.

Vraiment, il avait passé une très bonne journée. Il était impatient d'écrire à sa tante Lucy pour lui raconter toutes ses aventures.

« J'aimerais bien avoir un anniversaire comme ça chaque année ! » s'écria Paddington alors qu'ils rentraient à la maison.

Table

ma première bibliothèque rose